折って切って 簡単カワイイ♥
季節のおりがみ 花飾り
いまい みさ

講談社

はじめに

春夏秋冬　そここここに素敵な花が咲きます
なんて美しい世界でしょう!

寒風に吹きさらされても　たくましく
つぼみを膨らませて凛と咲く桃や椿の花

春には色とりどりのタンポポやチューリップ……
優しく　可愛い笑顔で　私たちを包んでくれます

夏にはお日様をいっぱい浴びて咲く
ヒマワリや朝顔たち
強く伸びる頼もしさや安らぎを与えてくれます

お花が咲くと　喜びがあふれ
心が弾み　幸せな心地に包まれます

そんな素敵な花々を
おりがみという身近な材料で
作ることができるのです

作る人、目にした人の笑顔を呼ぶ
「おりがみの花」
簡単な手順のなかにも
手作りという「真心」がこめられます

花瓶　リース　色紙などにアレンジして飾ると
お部屋が明るくなり笑顔が広がっていきます

お誕生日や記念日
入学　卒業　敬老のお祝いなど
プレゼントとしても大変喜ばれます

おりがみの花は枯れません
おりがみの元気な色に
勇気づけられることでしょう

この本を手にとってくださり
誠にありがとうございます
この出会いに感謝いたします

たくさんの場所で　たくさんの皆様に
楽しんでいただければ幸いです
そして未来が笑顔で
ますます輝きあふれますように

心をこめて――

いまい みさ

目次

はじめに ……2
花を作るおりがみについて ……4
サイズについて ……4
線の記号や言葉について ……4
きれいに折るコツ ……5
はり方のコツ ……5
葉っぱの量産のコツ ……5

飾り方アレンジ

作りたい花 人気ベスト3

👑 バラ ……6
👑 ダリア ……7
👑 カラー ……8

季節の花

● 桜 ……9
● タンポポ ……9
● チューリップ ……10
● カーネーション ……10
● 花菖蒲（ハナ ショウ ブ）……11
● ナデシコ ……11
● アジサイ ……12
● 朝顔 ……12
● ヒマワリ ……13
● ハイビスカス ……13
● モンステラ ……13
● コスモス ……14
● カボチャの花 ……14
● パンジー ……14
● ガーベラ（マーガレット）……15
● ポインセチア ……16
● 椿 ……16
● 梅 ……17
● 桃 ……17

12ヵ月のリース

● 春 ……18
● 夏 ……19
● 秋 ……20
● 冬 ……21

コラム

ミニ・アレンジを楽しむ ……22
素材をかえて楽しむ ……23

花とモチーフの作り方

♛バラ ……24
♛ダリア ……26
♛カラー ……28
　かすみ草 ……30
●桜 ……31
●タンポポ ……32
　ツクシ ……33
●チューリップ ……34
　ラッピング ……35
●カーネーション ……36
●花菖蒲 ……38
●ナデシコ ……40
●アジサイ ……42
●朝顔 ……44
●ヒマワリ ……46
●ハイビスカス ……48
●モンステラ ……49
●コスモス ……50
　ドングリ ……51
●カボチャの花 ……52
　おばけちゃん ……53
　帽子 ……53
●パンジー ……54
●ガーベラ（マーガレット）……56
●ポインセチア ……58
　ろうそく ……59
●椿 ……60
●梅 ……62
　ヒイラギ ……62
　鬼 ……63
　恵方巻き ……63
●桃 ……64
　つぼみ ……64

おりがみリボン ……65
笑顔（女の子・男の子）……66
鯉のぼり ……67
額 ……67
動物（リス・パンダ・ウサギ）……68
リース8種
　3色リース ……70
　6角リース ……71
　8角ミニ・リース ……72
　シンプルリース ……73
　トライアングルリース ……74
　大リース ……75
　葉っぱリース ……76
　笹リース ……77
クローバー ……78
切り紙 実物大見本 ……78

花を作るおりがみについて

この本では、裏が白い「片面折り紙」を使用

どんな色で作っても大丈夫!
20数色の「定番」セットや「100色100枚」などの異色のセットを持っていたら、まずはそれでお試しを。本の色とは違っても、意外に味わいのある花ができます。

よく使う色は単色セットで
花では、赤・ピンク・オレンジ・黄・薄紫・白、葉では黄緑・緑・深緑……よく使う色は「単色セット」での購入もおすすめ。一袋100円程度で買えるものもあります。

サイズについて

小さい折り紙を使うとき
折り紙は15cm四方。そのまま使うものもありますが、小さくして使うものには、使う部分(大きさ)に色をつけて示しています。

| 1/2サイズ | 1/4サイズ | 1/3サイズ | 1/8サイズ | 1/9サイズ | 1/16サイズ |

線の記号や言葉について

谷折り
表を向けて置き、谷折りすると、外側は白い面です。

山折り
表を向けて置き、山折りすると、外側は色の面です。

折り目
折ってひらいて、筋をつけます。目安になる線です。

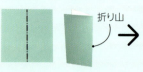

裏返す
見えている面をひっくり返します。

拡大図
説明写真をズームアップして見せるときの記号です。

ハサミで切る
マークのそばにある、実線を切ってください。

同じ記号を合わせる
★と★、☆と☆のように、同じマークの場所を合わせます。

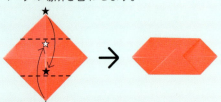

折りこむ
折り目をつけてから、内側に入れます。

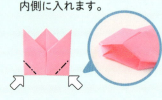

等分記号
長さが同じ　　角度が同じ

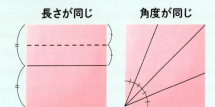

曲線の矢印
動きを表します。

巻く　　前に折る　　後ろに折る

きれいに折るコツ

きれいなお花を作るには、端がずれないように折ることが大切です。

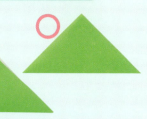

1 角を押さえ、指を下にすべらせて、中心をキメる。

2 左右に指をすべらせて、しっかり折る。

はり方のコツ

のりづけの指示があるところにはもちろん、とくに指示がなくても、不安定に思うところははるのが安心です。今からそろえるならテープのりがオススメです。

重みのあるものは、工作用ボンドをつけてから、テープで固定して乾かす。

花束などをまとめるには、「伸縮性のある傷テープ」が便利。輪ゴムよりもソフトにまとめられて好きな形をとりやすい。

花と茎の固定は、テープに切りこみを入れて巻くと、安定。

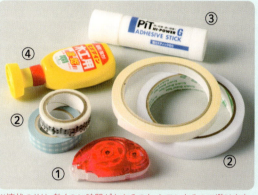

※液状のりは、乾くのに時間がかかるのと、シワになるので避けます。

①テープのり
強めにはれて、次の作業にすぐ移れるスグレモノ。

②テープ類
メンディングテープならツヤ消しで目立ちにくいです。マスキングテープも使い勝手がよいです。両面テープはテープのりと似た使い方ができます。

③スティックのり
ちゃんと使えば接着力は強いのですが、いちいちフタを閉めないと接着力が落ちるので注意が必要。

④工作用ボンド
重いものや紙以外のものを接着するときに使用。抜群の接着力ですが、乾くまでは次の作業に移れないので、注意しましょう。

葉っぱの量産のコツ

各花のページでは、1輪分の作り方を紹介していますが、ここでは少しまとめて作る方法を。

裏白でもかまわないもの

四つ折りしてさらに半分に折る → 重ねたまま切る

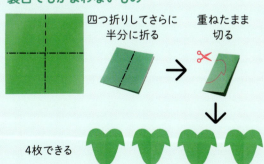

4枚できる

両面緑の細かいもの

折ってのりづけする → もう一度折る → （切る）

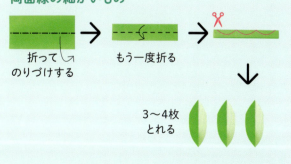

3～4枚とれる

飾り方アレンジ

作りたい花 人気ベスト3

第1位
バラ
作り方 p.24

かすみ草
作り方 p.30

一輪ざし

置き飾り

花束

コサージュ

置き飾り

一輪ざし

作りたい花 人気ベスト3

第2位

ダリア
作り方 p.26

花束

置き飾り

作りたい花 人気ベスト3
第3位
カラー
作り方 p.28

花束

置き飾り

ミニチュアでカード
参照 p.22

全部のパーツを1/4の大きさで作りました。花と茎のおりがみは1/4サイズ、がくとめしべは1/16サイズを使用。

季節の花 春 Spring

桜
作り方 p.31
つぼみ
作り方 p.64
葉
実物大見本 p.79

置き飾り

ボード

タンポポ
作り方 p.32
ツクシ 作り方 p.33
ちょう 作り方 p.78
笹(ササ)リース 作り方 p.77

置き飾り

色紙

ボード

※てんとう虫はフェルトボールにサインペンで模様を描いたもの。

季節の花 春〜夏 *Spring & Summer*

置き飾り

チューリップ
作り方 p.34
ラッピング
作り方 p.35
クローバー
作り方 p.78

ボード

置き飾り・ミニ花束

カーネーション
作り方 p.36
おりがみリボン
作り方 p.65
笑顔（女の子）
作り方 p.66
クローバー
作り方 p.78

ボード

花束・壁飾り

花菖蒲
作り方 p.38

鯉のぼり
作り方 p.67

壁飾り

置き飾り

色紙

ナデシコ
作り方 p.40

置き飾り

一輪飾り

季節の花 夏 *Summer*

アジサイ 作り方 p.42

置き飾り

壁飾り

朝顔 作り方 p.44
額(がく) 作り方 p.67

飾り額

つるし飾り

ボード

ヒマワリ
作り方 p.46

おりがみリボン
作り方 p.65

一輪ざし

置き飾り

↑
ミニ
参照 p.22

ボード

ハイビスカス
作り方 p.48

モンステラ
作り方 p.49

置き飾り

季節の花 秋 Autumn

ボード
カボチャの花 作り方 p.52
おばけちゃん 作り方 p.53

コスモス 作り方 p.50
おりがみリボン 作り方 p.65
ボード

ボード

パンジー 作り方 p.54

置き飾り

ボード

ガーベラ（マーガレット）
作り方 p.56

置き飾り

花束

壁かけ

一輪飾り

季節の花 冬〜早春 Winter

ポインセチア
作り方 p.58

ろうそく
作り方 p.59

リース

ボード

ミニチュアでカード 参照 p.22

全部のパーツを1/4の大きさで作りました。ポインセチアのおりがみは1/16サイズ、ろうそくは1/8サイズを使用。

椿(ツバキ)
作り方 p.60

額
作り方 p.67

飾り額

置き飾り

プレート

梅
作り方 p.62
ヒイラギ
作り方 p.62
鬼、恵方巻き
作り方 p.63

ボード

桃
作り方 p.64
つぼみ
作り方 p.64
葉
実物大見本 p.79

つるし飾り

ボード

飾り額

12ヵ月のリース
夏

6月 花束を作って、裏でしっかり固定。
6角リース p.71
ナデシコ p.40

7月 葉は、枝部を切って使います。
シンプルリース p.73
ダリア p.26

8月 ミニチュアも一緒に家族のように。
大リース p.75
ヒマワリ p.46

12ヵ月のリース 冬

12月
丸いリースが当たり前の時期だからこそ。

トライアングルリース p.74
ポインセチア p.58
ろうそく p.59

1月
寒椿に水引を添えれば、お正月にぴったり。

3色リース p.70
椿 p.60

2月
節分、立春、古式の行事も取りいれて。

大リース p.75
梅・ヒイラギ p.62
鬼 p.63

コラム

ミニ・アレンジを楽しむ

この本の作り方で、15cm四方の折り紙を1/4の7.5cm四方に置きかえた、小さなサイズで作ってもカワイイものができますよ。ここに挙げた例のほかにも自分でいろいろ試してみてください。

ミニ 1/4

大小コンビで使っても素敵

大きなものだけでもなく、小さなものだけでもなく両方使うことで豊かな表現もできます。

ヒマワリ
作り方 p.46

ミニならカードにも使えます

カードのサイズにちょうどいい感じ。カード以外に、贈り物のパッケージに添えても素敵ですよ。

ポインセチア＆ろうそく
作り方 p.58 p.59

カラー
作り方 p.28

カーネーション
作り方 p.36

クローバー
作り方 p.78

コラム

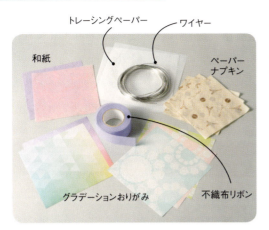

和紙 / トレーシングペーパー / ワイヤー / ペーパーナプキン / グラデーションおりがみ / 不織布リボン

素材をかえて楽しむ

この本の作り方で、素材をかえて作ってみると印象が変わります。紙の柔らかさ、ハリ、薄さが決め手です。包装紙や紙ふろしきなど、家にあるもので、試してみてはいかがでしょう？

白の和紙と紫の不織布リボンでたくさん折って、土台にはりつけました。ビーズは工作用ボンドではります。葉は和紙とおりがみで変化を出しました。
アジサイ 作り方 p.42

花の部分にペーパーナプキンを1/4にカットして使用。おりがみより少し小さく、薄いので3枚くらい巻いても大丈夫。
バラ 作り方 p.24

グラデーションおりがみで作ったダリア。かすみ草はトレーシングペーパーで透け感を出します。モールでなくワイヤーを使うときは、花とワイヤーの継ぎ目をテープでとめましょう。
ダリア 作り方 p.26
かすみ草 作り方 p.30

花とモチーフの作り方

バラ

p.30のかすみ草と無造作に合わせたミニ・ブーケ。

この花の魅力
優雅な美しさは「花の女王」、永遠の憧れを感じます。1輪でも美しく、花束になればゴージャスに。あらゆる愛を携えて贈れます。

花

1 折り目をつけてから、中心に向かって折る。

2 角を折る。

3 半分に折る。

4 さらに半分に折る。

5 カーブに切る。

6 これを、ひらく。

7 ハサミで切る。

8 1輪あたり、つぼみは1枚、花は2枚作る。茎を作る(右ページ)。

9 7の切り目から、間に茎を差しこんで、のりづけ。茎を回しながら巻きつける。

10 最後は下のほうをテープでとめる。つぼみのときは、これにがくをはる。

11 花の2枚めを切り目でのりづけし、外側に巻く。最後はテープでとめる。

12 がくと葉を作って、のりではる。

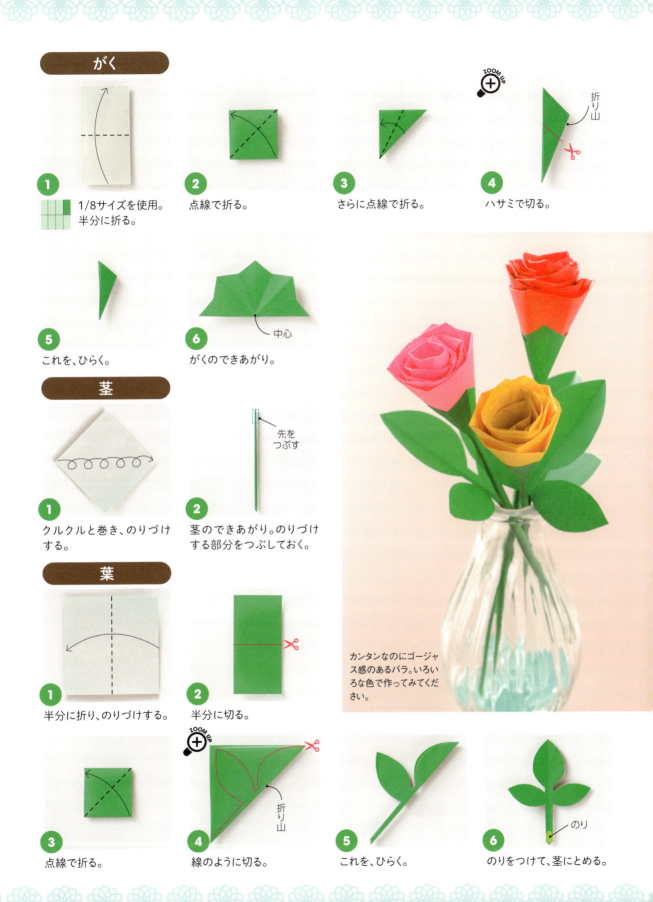

ダリア

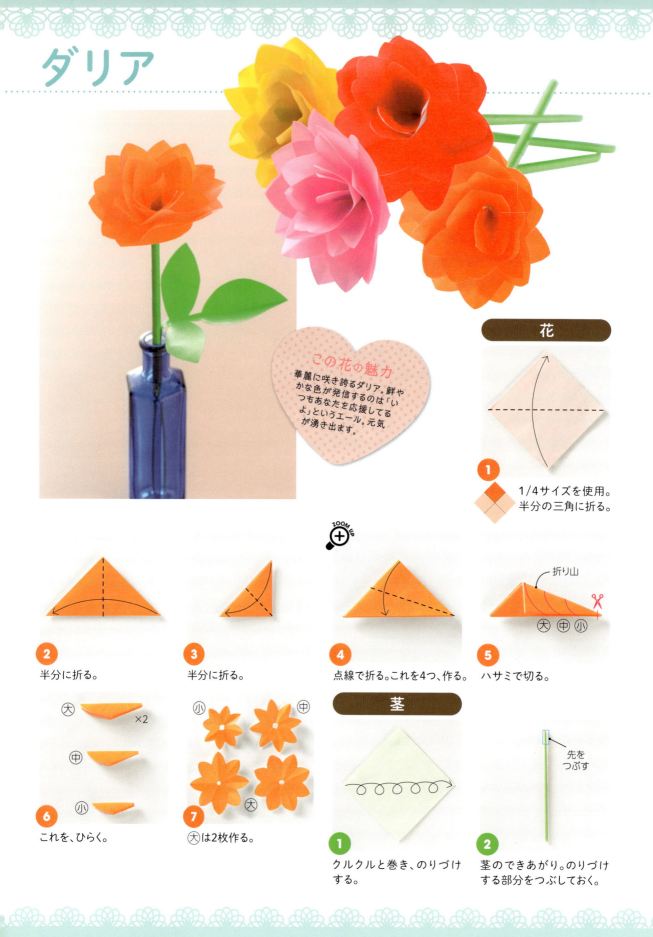

この花の魅力
華麗に咲き誇るダリア。鮮やかな色が発信するのは「いつもあなたを応援してるよ」というエール。元気が湧き出ます。

花

1 1/4サイズを使用。半分の三角に折る。

2 半分に折る。

3 半分に折る。

4 点線で折る。これを4つ、作る。

5 ハサミで切る。

6 これを、ひらく。

7 大は2枚作る。

茎

1 クルクルと巻き、のりづけする。

2 茎のできあがり。のりづけする部分をつぶしておく。

26

巻きつけ方

1 それぞれ、1ヵ所を切る。

2 2弁で茎をはさんでのりづけ
小の終わりに続けてのりづけ
小から、茎に巻きつける。

3 小中はのりでつなぐ
小に続けて中を巻く。

4 巻き終わりはテープでとめる。

5 のり
A
B
大はAとBが重なるようにのりづけする。

6 大の2枚をズラして重ね、茎に通す。

7 裏で、テープでとめる。

葉

1 のり
1/2サイズを使用。半分に折って、のりづけする。

2 折り山
半分の三角に折る。

3 ZOOM UP
折り山
ハサミで切る。

4 ひらいて、できあがり。

5 のり
茎にのりでとめる。

谷折り - - - - - 　山折り ━ ━ ━ ━ 　折り目 ━━━━ 　裏返す 　拡大図

カラー

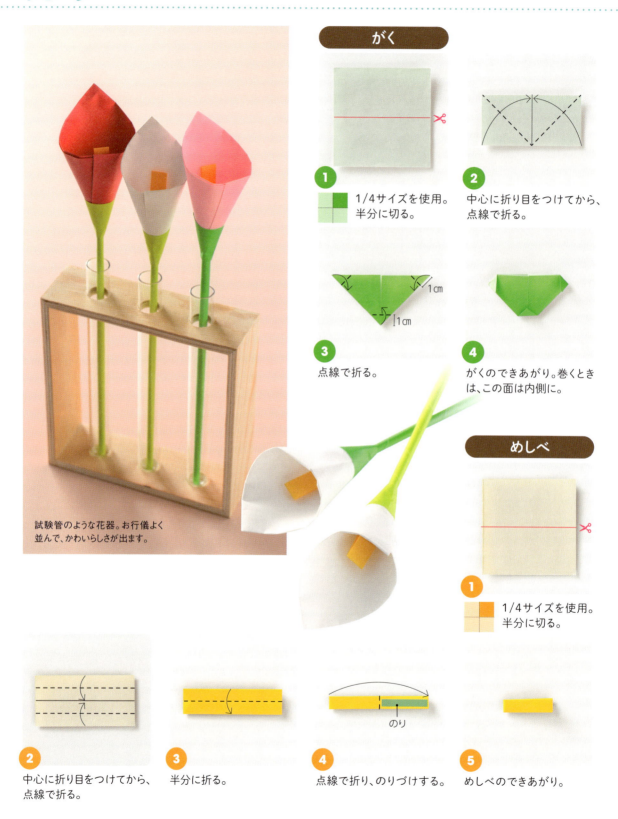

試験管のような花器。お行儀よく並んで、かわいらしさが出ます。

がく

1 1/4サイズを使用。半分に切る。

2 中心に折り目をつけてから、点線で折る。

3 点線で折る。

4 がくのできあがり。巻くときは、この面は内側に。

めしべ

1 1/4サイズを使用。半分に切る。

2 中心に折り目をつけてから、点線で折る。

3 半分に折る。

4 点線で折り、のりづけする。

5 めしべのできあがり。

花

① 半分に折る。

② 角を点線で折る。

③ 点線で折る。

④ 組み立てるときに丸める。

茎

① クルクルと巻き、のりづけする。

② 茎のできあがり。差しこむ部分はつぶしておく。

組み立て順

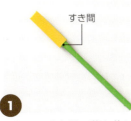
① めしべのすき間に茎を差しこんで、のりづけする。

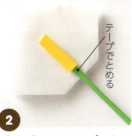
② 花に重ねて、テープでとめる。

③ 花を巻いて、端をすき間に差しこんでのりづけする。

④ がくを巻いて、のりづけする。

この花の魅力
上品にエレガントに咲くカラー。シックな色合いも似あう花です。お部屋に「優美さ」のアクセントを与えてくれます。

かすみ草

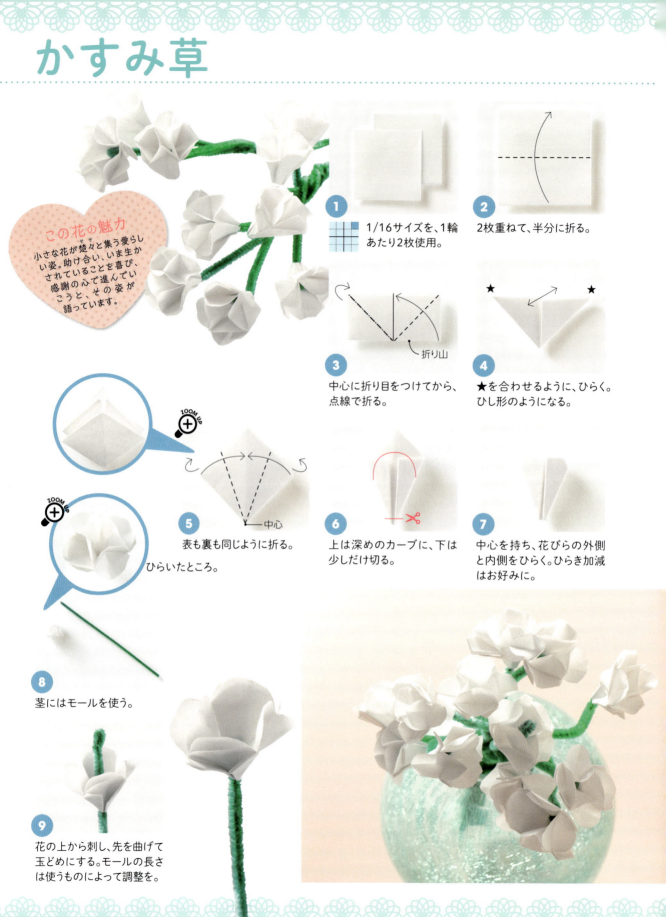

この花の魅力
小さな花が楚々と集う愛らしい姿。助け合い、いま生かされていることを喜び、感謝の心で進んでいこうと、その姿が語っています。

1. 1/16サイズを、1輪あたり2枚使用。
2. 2枚重ねて、半分に折る。
3. 中心に折り目をつけてから、点線で折る。
4. ★を合わせるように、ひらく。ひし形のようになる。
5. 表も裏も同じように折る。ひらいたところ。
6. 上は深めのカーブに、下は少しだけ切る。
7. 中心を持ち、花びらの外側と内側をひらく。ひらき加減はお好みに。
8. 茎にはモールを使う。
9. 花の上から刺し、先を曲げて玉どめにする。モールの長さは使うものによって調整を。

桜

桜の小枝に両面テープではりつけて。
花びらは工程6の段階で切り離した
もの。つぼみの作り方⇒p.64

この花の魅力

寒い冬を乗り越えて、可愛いつぼみを膨らませます。花がほころんだら、待ちわびた春の訪れ、みんなの心も弾けます。

花

1 1/9サイズを使用。半分に折る。

2 3等分に折り重ねる。

3 半分に折る。

4 ハサミで切る。 折り山

5 これを、ひらく。

6 中心まで切る。花びらを重ねてのりづけする。 のり

7 5片の花に。

花芯

1 1/9サイズを使用。さらに1/3に切る。

2 半分に折る。

3 細かく切りこみを入れ、クルクルと巻く。 折り山

4 できあがり。花の中心に差しこむ。

組み立て順

少しひらく

花の穴に、中心を差しこむ。花芯は、裏で折ってとめる。

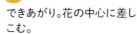
谷折り ------ 山折り ------ 折り目 ——— 裏返す 拡大図

タンポポ ツクシ

この花の魅力
春の光で輝く黄色。ふんわりとした優しさで目を楽しませ、心も体もウキウキします。野原の散歩へ楽しく誘う春の花。

タンポポ（外側）

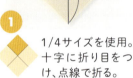

① 1/4サイズを使用。十字に折り目をつけ、点線で折る。

② 点線で折る。

③ 半分に折る。

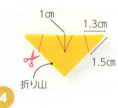

④ 印のところを切る。

⑤ これを、ひらく。

⑥ これを、2枚作る。

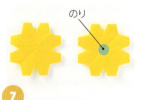

⑦ 1枚にのりをつける。

⑧ 少しズラして重ねる。

タンポポ（内側）

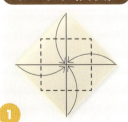

① 1/4サイズを使用。十字に折り目をつけ、点線で折る。

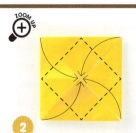

② 点線で折る。

③ 点線で折る。

④ 印のところを切りとる。

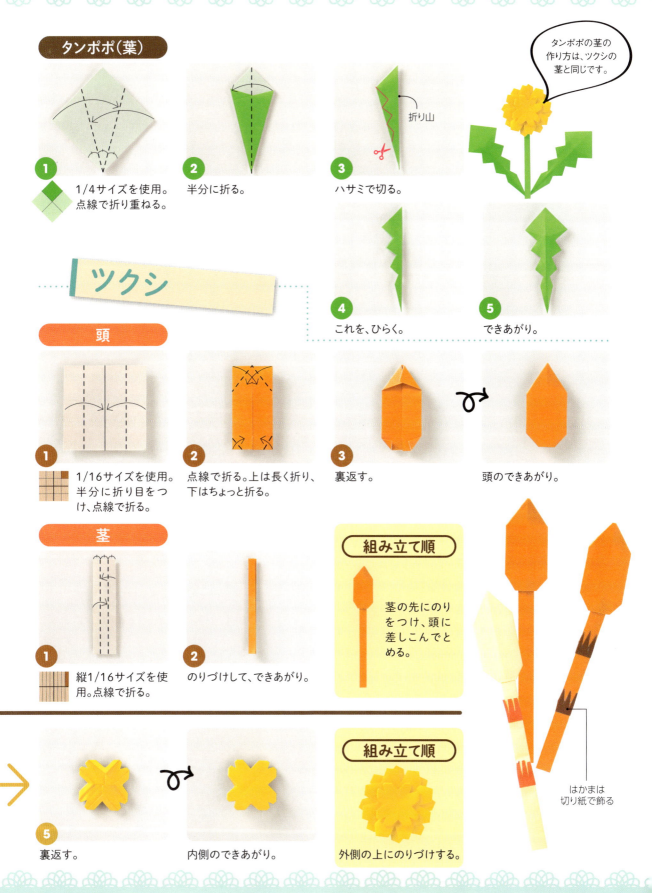

葉

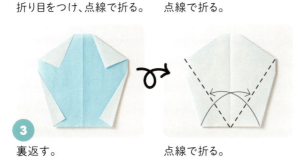

1 縦1/4サイズを使用。十字に折り目をつける。角を折る。

2 さらに角を折る。

3 半分に折る。

4 まん中あたりで斜めに折る。

5 V形の葉の完成。

組み立て順

1 花に茎を差しこんで、のりづけする。

2 茎を葉ではさんで、のりづけする。

ラッピング

1 折り目をつけ、点線で折る。

2 点線で折る。

3 裏返す。

4 パンチがあれば、端に飾りを作る。

ラッピングするとプレゼントにぴったり。小さなイーゼルに合わせるとおしゃれなインテリアに。

谷折り ------ 山折り ------ 折り目 ——— 裏返す 拡大図

カーネーション

レースペーパーでくるんだ花束。額縁にはれば、飛び出すレリーフ感を楽しめます。

花

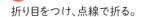

1 折り目をつけ、点線で折る。

2 点線で折る。

3 ★が合うように、ひらいて、四角を作る。

4 カーブさせながら、ギザギザに切る。（クラフトバサミがあると便利。）

5 上側だけ点線で折る。

6 裏返す。

点線で、折る。

7 点線で折る。

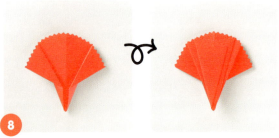

8 裏返す。

花のできあがり。

ミニチュアでカード 参照 p.22

全部のパーツを1/4の大きさで作りました。花と茎のおりがみは1/4サイズ、がくは1/16サイズです。

がく

1 1/4サイズを使用。
ハサミで切る。

2 三角に折る。

3 さらに折る。

4 ハサミで切る。
折り山

5 これを、ひらく。

6 花と茎を組み合わせたところに、巻いて、のりでとめる。

茎

1 クルクルと巻き、のりづけする。

2 茎の下は切って整える。のりづけする部分はつぶしておく。
先をつぶす

葉

1 1/4サイズを使用。
半分に折る。

2 のりではってから、さらに半分に折る。

3 切る。
折り山

4 これを、ひらく。両面が緑の葉っぱの完成。

組み立て順

1 茎の先をつぶして、花にのりづけ。
のり

2 がくを巻いてのりづけ。

3 葉をのりづけ。2枚はってもよい。
のり

谷折り ------ 山折り ----- 折り目 ——— 裏返す 拡大図

37

花菖蒲

おちょこを花器に。花を支えているのはアクリルストーン。

四角い紙皿に、下地の紙をはり、花菖蒲の壁掛けにしました。

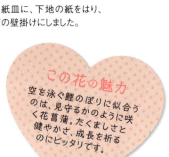

この花の魅力
空を泳ぐ鯉のぼりに似合うのは、見守るかのように咲く花菖蒲。たくましさと健やかさ、成長を祈るのにピッタリです。

花

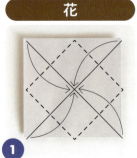

1 1/4サイズを使用。折り目をつけ、点線で折る。

2 半分に折る。

3 点線で折る。

4 ★と★が合うようにひらいて、四角を作る。

5 左側にも同様に四角を作ったら、裏返す。

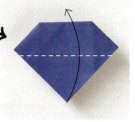

6 上側だけ、左右の角より、少し下の点線で折る。

6 点線で折る。

7 裏返す。

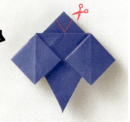

7 先を切る。

8 できあがり。

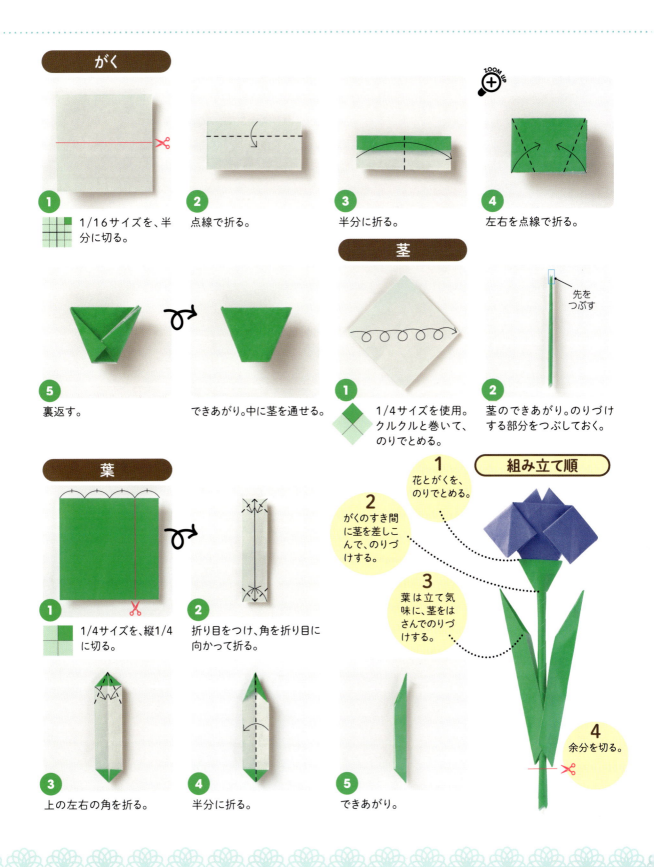

ナデシコ

メモスタンドで一輪ざしになるなんて、折り紙ならでは。

この花の魅力
古来よりたくさんの人に慕われてきた「やまとなでしこ」。奥ゆかしく、さりげない愛情にあふれた姿、私たちもそう在りたいもの。

花 大・小

1

大は1/4サイズ、小は1/9サイズを使用。半分に折る。

2 3等分に、折り重ねる。

3 半分に折る。

4 ハサミで切る。

5 これを、ひらく。

6 縁をギザギザに切る。

7 これを、ひらく。

8 大のできあがり。

9 小も同様に作る。

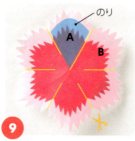

9 大小を重ねて、のりづけしてから、ハサミで切る。Aにのりをつけて、Bを重ねる。

10 花の形になる。

葉

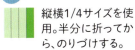

1 縦横1/4サイズを使用。半分に折ってから、のりづけする。

2 点線で折る。

3 細長く切る。この大きさからは4枚とれる。

4 1輪あたりに2枚程度使う。

茎

1 クルクルと巻き、のりづけする。

2 茎のできあがり。のりづけする部分はつぶして、折る。

組み立て順

1 花の裏側に茎をはる。

2 葉には少し切りこみを入れて、茎をはさむようにしてのりづけする。

切り子のグラスがよく合います。剣山のかわりに、紙粘土を使っています。

11 直径15mmと8mmの丸シールを重ねて、切り目を入れる。

12 切りこみで少し重ねて、はり合わせる。

13 花芯をはって、できあがり。

つぼみ

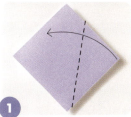

1 1/16サイズを使用。点線で折る。

2 点線で折る。

3 上側1枚を、少し折る。

4 点線で折る。

5 白ベースに少し色が見えるのが、朝顔らしさ。

小枝から麻ひもをたらし、重りを結びます。あとは、クリップで好きにとめるだけ。

葉 ※一度に2枚作る方法

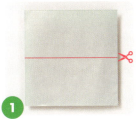

1 半分に切る。

2 半分に折る。

3 さらに半分に折る。

4 ハサミで、切る。

5 2枚同時にできあがり。両面緑にしたいときは、2で裏をのりづけすればよい。

ヒマワリ

この花の魅力
暑さに負けず強く伸びるヒマワリの花。太陽の分身のような姿が、心に焼きついてキラキラと輝き、私たちを元気づけてくれます。

花びら

1 1/2サイズを使用。十字に折り目をつけてから、角を折る。

2 点線で折る。

3 裏返す。これを4枚作る。

4 4枚を重ねてのりづけする。

花の中心

1 折り目をつけてから、中心に向かって折る。

2 さらに、中心に向かって折る。

3 点線で折る。

4 点線で折る。

5 外側の完成。

6 1/2サイズを使用。半分に折る。

7 折り目をつけ、中心に向かって、折る。

8 点線で折る。

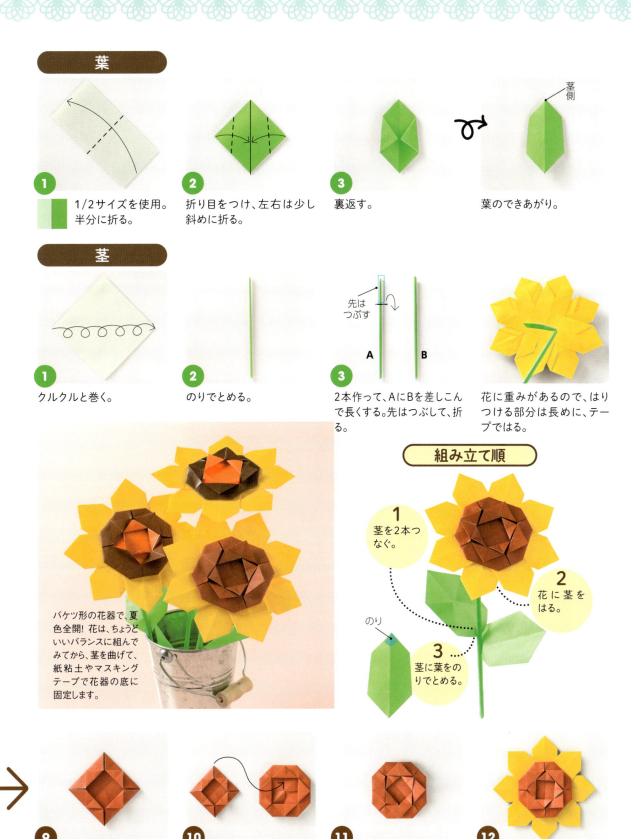

ハイビスカス・モンステラ

モンステラ

1 折り目をつけて、点線で折る。

2 角が合うように、点線で折る。

3 印が合うように、点線で折る。

4 左右を折る。

5 点線で折る。

6 切りとり線を書いて、切りとる。

バリエーションを出したいときには、もう1ヵ所切りとる。

7 できあがり。

茎

1 クルクルと巻き、のりづけする。

2 折って平らにつぶし、のりかテープで、葉の裏側にはる。

この植物の魅力
存在感のある形と鮮やかな緑色は、たくましくて頼りがいのある恋人のよう。そのおかげで花がひきたち、部屋が明るくなるのです。

この花の魅力
きらめく太陽の下、南国情緒の美しさ。次々とつぼみをつけて艶やかに咲くハイビスカスは、心も南国に運んでくれます。

クラフトビールの空き瓶を花器に利用しました。長さが足りないときは、茎を2本つないで使いましょう。

谷折り------ 山折り------- 折り目——— 裏返す 拡大図

49

コスモス

この花の魅力
しなやかに優しい風に揺れるコスモスの花。可憐な乙女のように微笑んで、愛を届け、見守るように咲き続けます。

正方形のコルクボードに、レースペーパーをはり、花束のように並べました。花の中心を、フェルトのポンポンにしてもかわいらしくなります。リボンの作り方⇒p.65

花

1 1/4サイズを使用。半分に折る。

2 さらに半分に折る。

3 さらに半分に折る。

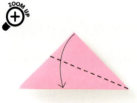

4 点線で折る。

5 ハサミで切る。

6 これを、ひらく。

7 中心に、直径15mmの丸シールをはる。

葉と茎

1 1/2サイズを使用。半分に折る。

2 折り山に茎がくるように、下絵を描く。

3 カッターか、ハサミで切る。

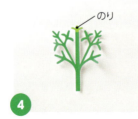

4 のりをつけて、花をはる。

5 コスモスの完成。

アレンジ

折り紙の縦の長さサイズいっぱいに使うと、こんな複雑な葉にもできます。実物大見本⇒p.79

50

ドングリ

この実の魅力

葉っぱでかくれんぼをしたり、コロコロとおいかけっこをしてみたり。かわいいかわいいドングリさん。大地の豊かさを思います。

11月のリース p.20
※葉っぱリースの作り方はp.76参照。

1　1/2サイズを使用。折り目をつけて、角を折る。

2　点線で折る。

3　裏返す。

上に1cm出るようにして、折る。

4　裏返す。

点線で折る。

5　点線で折る。上の左右は、ほんのちょっと折る。

6　裏返す。

できあがり。

カボチャの花　おばけちゃん　帽子

パンジー

丈を短くして、茎の根元を紙粘土で固定し、花器におさめました。葉は、バランスを見て花器にテープではります。

折り紙ならではの、一輪の飾り方。ハガキサイズのワイヤーフレームにクリップでとめただけです。

この花の魅力
色とりどりのパンジーの花。色のさみしい冬にも色彩を与えてくれます。心に優しさの種をまいて背中を押してくれる、そんな花。

外側の花

1 1/4サイズを使用。折り目をつけ、点線で折る。

2 三角に折る。

3 さらに三角に折る。

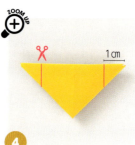

4 左右を切る。

5 角を切る。

6 これを、ひらく。

7 この上に、内側の花（もよう）をはる。

内側の花

1 1/25（3cm四方）に切ったものを用意。半分に折る。

2 点線で折る。

3 左右を切る。

4 これを、ひらく。

5 外側の上にのりづけ。中心には直径5mmの丸シールをはる。

葉

1 1/4サイズを使用。半分に折ってのりづけする。

2 さらに半分に折る。

3 ハサミで切る。

折り山

4 できあがり。

5 茎につけるときは、葉の先にのりを。

のり

茎

1 縦1/4サイズを使用。中心に折り目をつけ、点線で折る。

2 さらに、中心に向かって折る。

3 半分に折る。

4 花つけ部分を折る。

1.5cm

5 折りの強弱で、花に角度がつき、立体感が出せる。

組み立て順

ZOOM UP

のり

茎の先

折った部分にのりをつけ、花をはります。葉は使い方により、つけたり、つけなかったり。一方、茎をつけずに、花と葉だけで飾る方法も。（p.14のウエルカムボード）

谷折り - - - - - - 　山折り ━━ ━━ 　折り目 ━━━━　裏返す 　拡大図 ZOOM UP

55

ガーベラ

コルクボードにはりました。まん中にはレースペーパー、色画用紙に書いたメッセージを添えて。丸いフェルトポンポンでアクセントを。葉の作り方⇒p.79 壁にかけてもOK、イーゼルにのせれば置いても飾れますね。

花

1. 1/4サイズを使用。半分に折る。
2. さらに半分に折る。
3. さらに半分に折る。
4. 点線で折る。もうひとつ、同様に折る。
5. 大、小、それぞれにハサミで切る。
6. これを、ひらく。
7. 花芯は、丸く切ったおりがみに直径15mmの丸シールをはり、切りこみを入れる。
8. 大、小をずらしてはり、中央に花芯をはる。

茎

1 クルクルと巻き、のりづけする。

2 茎のできあがり。はりつける部分は、つぶして折る。

組み立て順

花の裏に、テープではる。

マーガレット

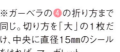

※ガーベラの④の折り方まで同じ。切り方を「大」の1枚だけ、中央に直径15mmのシールをはれば、マーガレット。

この花の魅力

華やかで毅然と咲く姿には、愛と勇気を感じます。新たな門出、新たな人生の始まりなどに、出会いを祝う花束にいかがでしょう。

中央の文字は、2～3本のモールを使って一筆書き！ 葉の実物大見本⇒p.79、クローバーの作り方⇒p.78

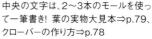

ポインセチア

この花の魅力
赤々と燃えるように咲くポインセチアは、人々の心を照らし幸運を運びます。聖夜を飾る花として、感謝と幸せを祈りましょう。

白のリースと、銀のリボンを使いました。フェルトのポンポンも、花と同じに赤と緑、色数を抑えて大人かわいい仕上がりです。

1. 1/4サイズを使用。半分の三角に折る。
2. 3等分に、折り重ねる。
3. 半分に折る。
4. ハサミで切る。（折り山）
5. これを、ひらく。
6. 同様に、緑でも作る。
7. 緑の上に赤を重ねる。中央にはビーズを接着剤ではる。

ろうそく

コルクボードに黒の画用紙をはったうえにデコレーションしました。ろうそくを白のポンポンで囲むと、「聖なる火」を演出できます。

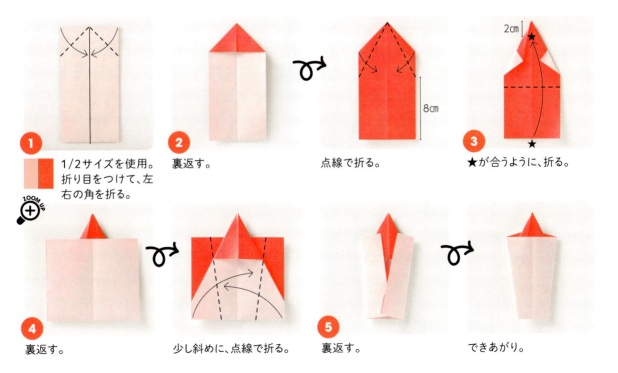

1 1/2サイズを使用。折り目をつけて、左右の角を折る。

2 裏返す。

点線で折る。

3 ★が合うように、折る。

4 裏返す。

少し斜めに、点線で折る。

5 裏返す。

できあがり。

椿 (ツバキ)

折り紙の額(作り方⇒p.67)に、紅白の椿をはりました。新春向きの言葉を添えても。

> **この花の魅力**
> 寒風のなかでも、凛と咲く美しい姿には感動と勇気をもらいます。フォーマルな茶席にもカジュアルなリビングにも合う素敵な花。

右ページの枝を使って、手折ってきたばかりのようなたたずまいに。和風の小物によく合います。

花(花びら・花芯)

1 1/4サイズを使用。折り目をつけ、点線で折る。

2 ★と★、☆と☆が合うように、点線で折る。

3 左右を折る。

4 裏返す。

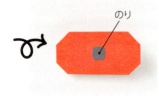

これを、2枚組か3枚組で使う。

5 3枚はこのように重ねる。2枚の場合は十字に重ねる。

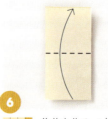

6 花芯を作る。1/8サイズを使用。半分に折る。

7 折り目をつけ、点線で折る。

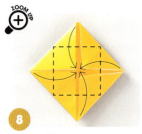

8 点線で折る。

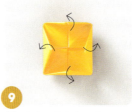

9 折ったところを立てる。

10 内側を三角に折って立てる。花の中心にはる。

4弁と6弁の作り方はほぼ同じ。

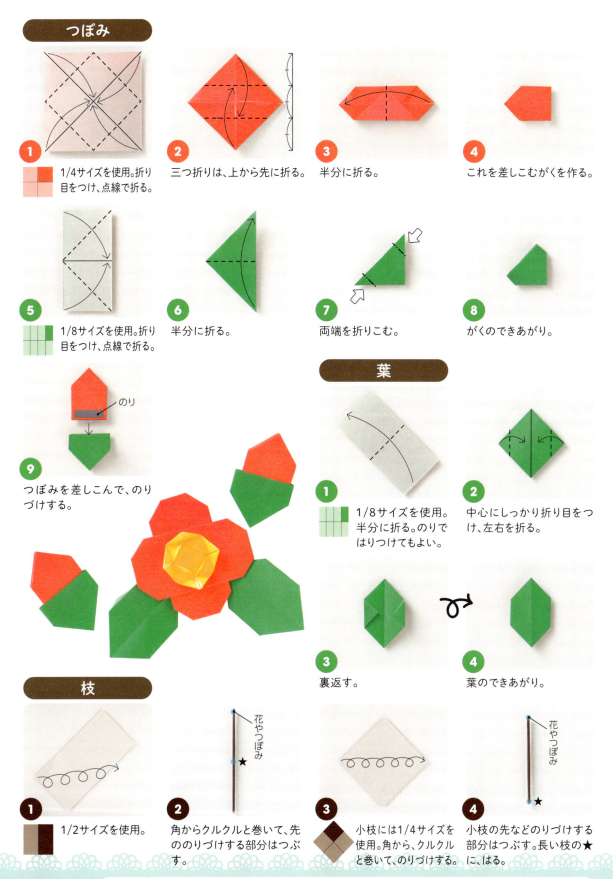

梅 ヒイラギ

この花の魅力
立春の頃に届く梅の花便り。暖かさごとに花開き、ほのかに香って、道行く人の笑顔を呼びながら、春の始まりを知らせます。

インスタ映えしそうな正方形のコルクボードを使いました。春の訪れを喜ぶボードです。

梅

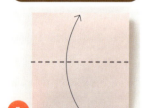

1 1/4サイズを使用。半分に折る。

2 上から1/3に角が合うように、折る。

3 点線で折る。

4 点線で折る。

5 カーブに切る。

6 これを、ひらく。

7 ビーズやシールで花芯を作る。ビーズはボンドではる。

ヒイラギ

1 1/4サイズを使用。半分の三角に折る。

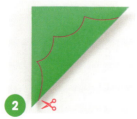

2 ハサミで切る。

3 これを、ひらく。

4 できあがり。

鬼

1 折り目をつけ、折り目に向かって折る。
2 点線で折る。
3 ★が合うように、折る。
4 点線で折る。
5 ☆が合うように、折る。
6 左右の角を折る。
7 左右の端を折る。
8 裏返す。
顔の形のできあがり。
9 丸シールや切り紙を使って顔を作る。

恵方巻き

1 折り目をしっかりつけ、点線で折る。
2 ハサミで切る。

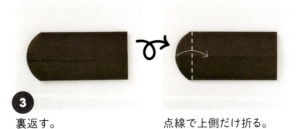

3 裏返す。
点線で上側だけ折る。
4 3〜4色の小片をはる。
5 できあがり。

谷折り ------ 山折り ------ 折り目 ——— 裏返す 拡大図

桃

実際の小枝に、両面テープで桃の花をはりつけました。つぼみは、大小いろいろ作るとリアルな感じに。両端に麻ひもをつけてつるし飾りにしました。葉の実物大見本⇒p.79

この花の魅力
小さな可愛い桃の花。心も桃色に染まり温かい気持ちになれます。小鳥のさえずりとともに、新しい出会いを祝福します。

1. 1/4サイズを使用。半分に折る。
2. 3等分に、折り重ねる。
3. 半分に折る。
4. まあるくカーブさせて切る。（サイズはだいたいの目安です。）
5. 切れたら、ひらく。
6. 印で切る。
7. Bにのりをつけ、Aを重ねる。
8. パンチで作った花芯を、中心にはれば、できあがり。

つぼみ

手でちぎったおりがみを、もんで丸める。桜のつぼみの場合は、やや細長く丸める。

おりがみリボン

花によく似合って、花束感が出る便利なリボン。

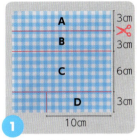

1 1枚のおりがみを、A・B・C・Dのパーツに分ける。

2 AとBは、折らずに端をのりづけ。

はった様子。

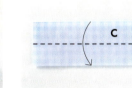

3 Cは半分に折る。

4 点線で折る。

5 端を切る。

切った様子。

6 AとBをのりでとめる。

7 中央にDを巻いて、のりづけする。

8 Cをのりづけする。

9 できあがり。

リボンもミニOK

ミニチュアにすると、また別の魅力が出るのが「おりがみ花」ですが、リボンも同様。1/4サイズで作ることでバリエーションが増えます。1/4サイズで作る場合の分け方は右の通り。作り方は大きいものと同じです。

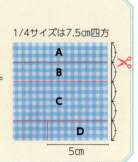

1/4サイズは7.5cm四方

谷折り ------ 山折り ------ 折り目 ——— 裏返す 拡大図

笑顔（男の子・女の子）

顔 ※共通

1. 半分に折る。
2. 折り目をつけて、点線で折る。
3. 点線で折る。
4. 裏返す。

髪を作って組み合わせる。

髪 ※6まで同じ

1. 折り目をつけ、点線で折る。
2. いったん開き、角を折る。
3. 左右を戻す。
4. 点線で折る。
5. 裏返す。
6. 上の角を折る。
7. 裏返す。

女の子の髪はできあがり。

7. 男の子のみ：後ろ髪を折って、間に入れこむ。
8. 顔を差しこむ。サインペンと色鉛筆で描く。口は丸シールを半分に切ったもの。

鯉のぼり

頭

1 四角に切ったおりがみを、点線で折る。

2 上下の角を折る。

3 頭のできあがり。大小の丸シールをはる。

尾びれ

1 四角に切ったおりがみを、線の位置で切る。

2 尾びれのできあがり。

組み立て順

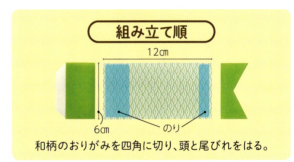
和柄のおりがみを四角に切り、頭と尾びれをはる。

額

1 1/2サイズを使用。折り目をつけて、点線で折る。

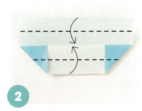
2 点線で折る。

3 半分に折る。

4 縁のできあがり。これを4つ、作る。

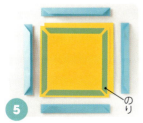
5 おりがみ2枚を重ねたものを土台にし、四方に縁をはって、とめる。

6 できあがり。ひし形の向きに使ってもよい。

谷折り ------ 山折り ------ 折り目 ——— 裏返す 拡大図

動物（リス・パンダ・ウサギ）

体 ※動物共通

1 1/4サイズを使用。折り目をつけ、点線で折る。

2 点線で折る。

リス（顔）

1 1/2サイズを使用。折り目をつけて、下の角を折る。

2 切り目を入れて、点線で折る。

3 点線で折る。

4 点線で折る。

5 裏返す。

6 点線で折る。

7 角を折る。

サインペンと色鉛筆で顔を描く。

リス（しっぽ）

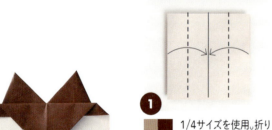

1 1/4サイズを使用。折り目をつけ、点線で折る。

2 角を折る。

3 点線で折る。

4 裏返す。

しっぽのできあがり。のりで体にはる。

❸ 切り目を入れて、折る。

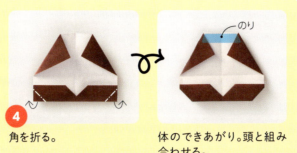
❹ 角を折る。

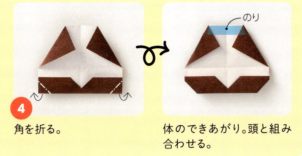
体のできあがり。頭と組み合わせる。

パンダ

❶ 1/2サイズを使用。折り目をつけ、点線で折る。

❷ 切り目を入れ、折る。

❸ 下の角を折る。

❹ 点線で折る。

❺ それぞれ、折る。

❻ サインペンと色鉛筆で顔を描く。

❼ 体(共通)と組み合わせる。

ウサギ

❶ 1/2サイズを使用。折り目をつけ、点線で折る。

❷ 切り目を入れて、折る。

※口は、丸シールを半分に切ってはる。

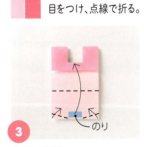
❸ 点線で折る。

❹ それぞれ、折る。

❺ サインペンと色鉛筆で顔を描く。

❻ 体(共通)と組み合わせる。

谷折り ------ 山折り —·—·— 折り目 ——— 裏返す　拡大図

3色リース

3色の間に白地が入るので、色の組み合わせが柔軟です。
2色を各3枚、1色を2枚の合計8枚で作ります。

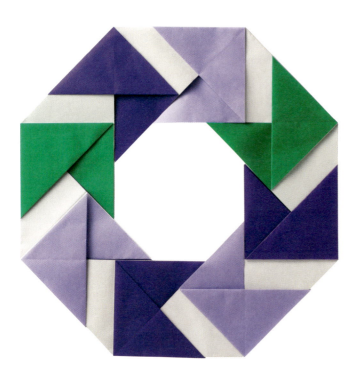

1月のリース p.21

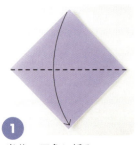

1 半分の三角に折る。

2 点線で折る。

3 上側だけ、★と★を合わせるようにして四角を作る。

4 上の1枚を折る。

5 これを8ピース、作る。

組み合わせ

組み終わったら、ところどころのりづけして、崩れないようにしよう。

6角リース

単色6枚でもよいけれど、2色を3枚ずつ使っても。合計6枚使います。
色の組み合わせは、お好みでいろいろお試しください。

3月のリース p.18

6月のリース p.19

10月のリース p.20

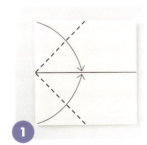
① 折り目をつけ、点線で折る。

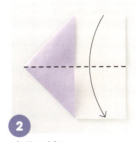
② 半分に折る。

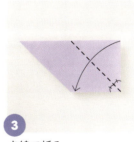
③ 点線で折る。

④ 点線で折る。

⑤ これを6ピース、作る。

組み合わせ

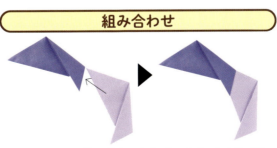
組み終わったら、ところどころのりづけして、崩れないようにしよう。

谷折り ------ 山折り —·—·— 折り目 ——— 裏返す 拡大図

8角ミニ・リース

シンプルなタイプの八角形。3色を4枚、3枚、1枚の分け方で合計8枚使います。1色使う色がアクセントになります。

4月のリース p.18

裏返して完成！

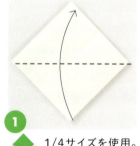
① 1/4サイズを使用。半分の三角に折る。

② 点線で折る。

③ 3色で4ピース＋3ピース＋1ピースの、合計8ピース、作る。

組み合わせ

▶

▶

組み終わったら、ところどころのりづけして、崩れないようにしよう。

72

シンプルリース

4枚で作れる、小ぶりでかわいらしいリースです。
1色でまとめるのが無難ですが、いろいろな色で作ってみてください。

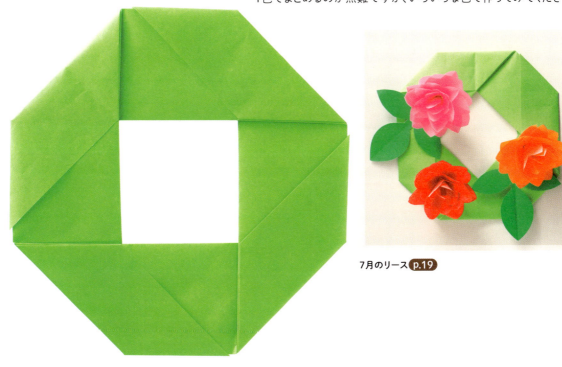

7月のリース p.19

① 折り目をつけて、点線で折る。

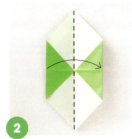

② 半分に折る。

③ 中心に合わせて、折る。

④ これを4ピース、作る。

組み合わせ

組み終わったら、ところどころのりづけして、崩れないようにしよう。

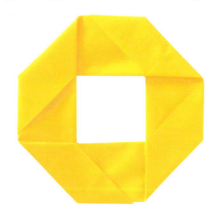

谷折り ------ 山折り ――― 折り目 ── 裏返す 拡大図

トライアングルリース

小さな三角形が可愛らしいリースです。1つあたり、3枚のおりがみで完成！
小さいので、複数使いで並べると、カワイイ飾りになります。

12月のリース p.21

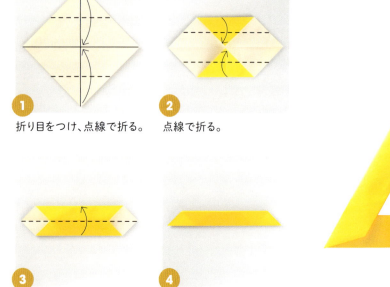

① 折り目をつけ、点線で折る。
② 点線で折る。
③ 半分に折る。
④ これを3ピース作って、角をのりづけする。

大リース

大きくてアレンジしやすいリースです。おりがみ8枚の8ピースで作るので、2色を4ピースずつにしたり、ポイントになるところだけ色変えしたりと、バリエーションも豊富。

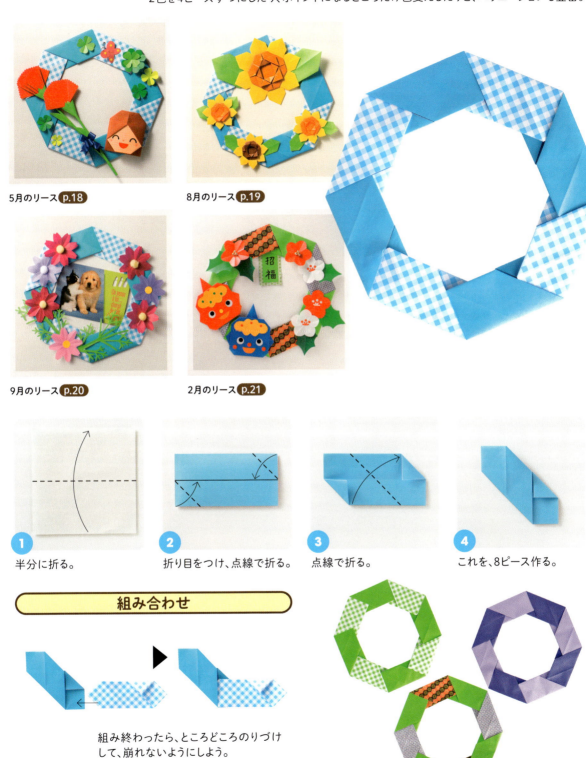

5月のリース p.18

8月のリース p.19

9月のリース p.20

2月のリース p.21

① 半分に折る。

② 折り目をつけ、点線で折る。

③ 点線で折る。

④ これを、8ピース作る。

組み合わせ

組み終わったら、ところどころのりづけして、崩れないようにしよう。

谷折り------　山折り-----　折り目———　裏返す　拡大図

葉っぱリース

8枚の葉っぱの形でできたリースです。落ち葉をイメージするならこんな色で。
若葉や青葉をイメージするなら緑系の2色で作るとよいでしょう。

11月のリース p.20

① 三角に折る。

② 点線で折る。

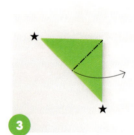

③ 上側だけ、★と★を合わせるように、四角を作る。

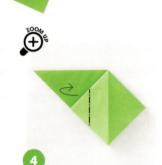

④ 角を折る。

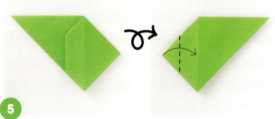

⑤ 裏返す。　　角を折る。

⑥ 点線で折る。

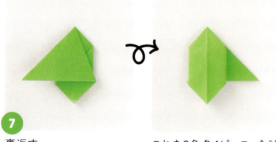

⑦ 裏返す。　　これを2色各4ピース、合計8ピース作る。

組み合わせ

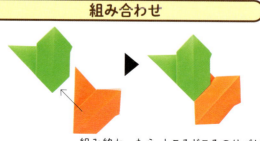

組み終わったら、ところどころのりづけして、崩れないようにしよう。

笹リース

おりがみ8枚で作ります。葉っぱのテイストをもつリースなので、ちょっとモチーフを添えるだけでかわいらしく仕上がります。

笹のようなので、パンダにぴったり。切り紙の星を散らして七夕にいかが？ パンダの作り方⇒p.69

1 1/4サイズを使用。折り目をつけ、3つの角を折る。

2 点線で折る。

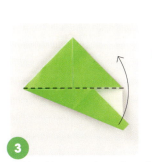

3 点線で折る。これを、8ピース作る。

組み合わせ

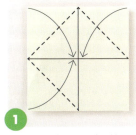
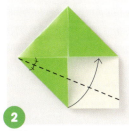

組みながら、ところどころのりづけして、崩れないようにしよう。

裏返して、できあがり！

谷折り ------ 山折り ——— 折り目 ——— 裏返す ↻ 拡大図 ⊕

77

クローバー

1/16サイズで作る「ミニ版」もかわいい

1 1/4サイズを使用。半分に折る。

2 半分に折る。

3 三角に折る。

4 ハサミで切る。

5 ひらけば、できあがり。

折り山

切り紙 実物大見本

お花に添えるオススメのモチーフ2点をご紹介。こちらを参考に色画用紙を切って作ってください。

ことり

ボードに接着したり、後ろに竹串（茎のようにおりがみで作ってもよい）をはりつけ、スティックにしたりと便利。

ちょう

色画用紙を二つ折りにして、左右対称の形に切る。模様には丸シールを使用。触覚は色紙をよじって裏でとめる。

谷折り　　山折り　　折り目　　裏返す　　拡大図

著者紹介

いまい みさ

折り紙を中心にリサイクル素材も活用し、身近な材料で手軽に作れる「手づくりおもちゃ」の提案をする造形作家。その作品は、新聞や教科書、保育誌や児童誌にも掲載されることで広く知られている。また日本各地でワークショップを開催し、小学校や保育園・幼稚園、介護施設での講演と、こどもから大人まで幅広く、手づくりの温かさや工作の面白さを伝える活動を続けている。著書には、『おりがみで作るかわいい室内飾り12か月』(チャイルド本社)、『いまいみさのおりがみ手紙』(講談社)など多数。近著に『季節の部屋飾り12か月』(KKベストセラーズ)がある。いずれも折るだけにとどまらない多彩な楽しみを提案。
また、オリジナル折り紙として『いまいみさのつくってたのしいおりがみシリーズ』(トーヨー)が各種発売され、好評を得ている。

◆いまいみさHP　http://imaimisa.com
◆Instagram　https://www.instagram.com/_imai_misa/

6角リース p.71
タンポポ p.32
ツクシ p.33
ウサギ p.69

折って切って 簡単カワイイ♥
季節のおりがみ花飾り

2018年6月20日　第1刷発行
2024年12月4日　第16刷発行

著　者　いまい みさ
発行者　清田則子
発行所　株式会社 講談社
　　　　〒112-8001 東京都文京区音羽2-12-21
　　　　販売 03-5395-3606
　　　　業務 03-5395-3615
編　集　株式会社 講談社エディトリアル
　　　　代表 堺 公江
　　　　〒112-0013 東京都文京区音羽1-17-18 護国寺SIAビル
編集部　03-5319-2171
印刷所　株式会社新藤慶昌堂
製本所　大口製本印刷株式会社

KODANSHA

ブックデザイン／八島 順　村山千景
撮影／椎野 充(講談社写真部)
編集協力／平入福恵
撮影・スタイリング協力／森本美和
制作協力／霜田由美　河上さゆり　小川昌代　Natsuki Moko
　　　　　　(手づくりおもちゃ普及会)
折り紙提供／株式会社トーヨー　http://www.kidstuyo.co.jp/

定価はカバーに表示してあります。

本書のコピー、スキャン、デジタル化等の無断複製は、著作権法上での例外を除き禁じられています。本書を代行業者等の第三者に依頼してスキャンやデジタル化することはたとえ個人や家庭内の利用でも著作権法違反です。落丁本・乱丁本は購入書店名を明記のうえ、講談社業務あてにお送りください。送料は小社負担にてお取り替えいたします。
なお、この本の内容についてのお問い合わせは、講談社エディトリアルまでお願いいたします。

ISBN978-4-06-511843-6　　©Misa Imai 2018, Printed in Japan